EL CANTO DE LOS AZULEJOS

EL CANTO DE LOS AZULEJOS

Reinaldo De Fernández

Valparaíso
EDICIONES

Colección VALPARAÍSO DE NARRATIVA Y TEATRO

Diseño y maquetación: Chari Nogales
www.charinogales.com @chari_nogales

Primera edición: enero de 2025
© De los poemas: Reinaldo De Fernández

© Valparaíso Ediciones

C/ Fray Leopoldo, 7 Bajo 18014 Granada
www.valparaisoediciones.es

ISBN: 979-13-87538-15-6
Depósito Legal: GR 151-2025

Impreso en España —*Printed in Spain*
Gráficas Gami

A Christian Hernández Castaneda,
porque más allá del sendero y sus tormentas,
tú eres la luz que aguarda en la meta.

PARTE I:

EL CANTO DE LOS AZULEJOS

...Ya no la quiero, es cierto, pero cuánto la quise. Mi voz
buscaba el viento para tocar su oído.
De otro. Será de otro. Como antes de mis besos.
Su voz, su cuerpo claro. Sus ojos infinitos.
Ya no la quiero, es cierto, pero tal vez la quiero.
Es tan corto el amor, y es tan largo el olvido.

PABLO NERUDA

I

"Solemos interpretar el primer amor como eterno y el hecho de lo que alguna vez fue todo para ti, ahora te deja sin nada"

Escuchaba lamentos escalofriantes, gemidos sollozantes llenos de tristeza; era mi corazón arrinconado en la esquina más oscura de mi alma, su llanto creaba riachuelos de sangre y sus gritos eran desgarradores como el llamado precoz de la muerte. Allí surgió mi interrogante, con nerviosismo en mis enunciados le pregunté:

—¿Qué te perturba? Permíteme ayudarte.

No quiso responderme, me dio la espalda y siguió sollozando en tinieblas. Insistí, hasta que, por fin, dejo escapar una sola palabra de su boca:

—Amor...

Un frio abrasador recorrió mi cuerpo en ese instante. Con solo escuchar esa palabra maldita de los infiernos, comprendí el padecimiento de mi corazón. Sin perder tiempo, mi memoria encendió el motor de su tren y echó a andar los rieles de mis recuerdos. Se detuvo en una estación confusa, colmada de realidades falsas:

El ocaso se despedía con presumidos rayitos de colores: rosados, naranjados, azulados. Todo el cielo estaba irisado. El supremo artista pincelaba con desorden. Los azulejos, frenéticos, se perdían de vista en la inmensidad del lienzo.

La tarde convertida en ninfa. Mis musas se agitaban y pintaban paisajes en poemas—mi lienzo y mi pincel eran una vieja libreta y un sórdido lápiz a medio acabar.

Un pequeño azulejo de porte gallardo y galante fue el modelo de mi primer poema:

"Anda, azulejo, boga por los cielos juega entre algodones báñate en azul marino.

Pegaso emplumado, destello azulado del ocaso. Arte primoroso del lienzo irisado.

Anda, azulejo, levanta el vuelo te añora un celeste embelesado."

La inocencia que cubría los linderos de mi reino me protegía de los desaires del mundo—Era feliz en mi ignorancia de niño. Esas tardes, dignas de habitar en un museo de arte, eran mi fascinación.

La faz diluida de la noche dio espacio al fulgor de la esbeltez de una doncella. Tan solo una osada naturaleza es capaz de darle vida a tan prodigiosa escultura. Su cabello era largo y fluía majestuoso como el Nilo, el color de sus ojos coronaba de esmeraldas a la luna, un rosado intenso era primor de su boca y su figura semi esculpida asemejaba a la Venus de Milo.

Caminó hacia mí, sonrió con galantería y exclamo con un tono sutil de ironía:

—Reconocer el valor inmaterial que posee el paisajismo es un talento con el que muy pocos nacen. Felicidades, te encuentras entre los elegidos.

Los azulejos florecieron y comenzaron a dar aleteos de emoción en mi estómago, sonreí maravillado al equinoccio de primavera que me saludaba y tentaba mi arte con tanta inspiración virginal.

Mi voz trémula, cual arcilla en manos alfareras, entrecortada respondía:

—¿Es usted hermana de la noche? Su belleza opaca los inconstantes destellos celestiales. ¿Cuál será el nombre que corone de majestad a la hija perdida de María Lionza?

Volvió a sonreír, esta vez con más soltura. Se sentó junto a mí y, tomando arbitrariamente mi libreta, contestó:

—Muchos me dicen Lucero, tú puedes llamarme la luz de tus ojos—Leyó mis borradores con detenimiento, por la fascinación en su semblante deduje que algún verso le habría gustado.

El candor de sus ojos revistió de hermosura la sonoridad de mis poemas, su voz extasiada fue el resultado:

"Amarte a vos, mi Lucero, es robarle al ocaso sus destellos dorados. Es apagar la luz de la luna y encenderla en tu mirada."

—Siento tan mío este verso, como es tuya la ufanía de Bécquer.

Ella tenía razón: el poema encajaba perfectamente con las emociones de aquella noche, como si Isaías profetizara a través de mi letra la llegada de un amor que reescribiría mi destino, como si conociera su belleza sin antes ver su rostro, como si su nombre habitara en mis poemas.

El tiempo siguió su curso. No supe nada más de Lucero, pero conservé en mis recuerdos su aroma a frío noc-
turno y el turquesa de su mirada.

II

Desde aquella noche pasaron dos meses. Pregonaba con descaro mis recién llegados 17 años. Me sentía adulto y con toda la sabiduría de los alrededores de la tierra. La nutrida versatilidad del paisaje me seguía seduciendo, la mansedumbre del mar era mi nueva conquista. El vaivén de las olas, el rumor agitado del viento, el resplandor del sol y el infinito azul de la playa; extasiaban de tal manera los cinco sentidos de mis musas, que, frenéticas, se echaban a correr y sudaban poemas.

Las olas transfiguraron su frenesí en la cautivadora silueta de una sirena. Reconocí aquella belleza al instante. Cómo olvidar esa cabellera torrencial del Nilo.

Era Lucero, o la luz de mis ojos, como quiso ella que la llamase. Se acercó a mí, como la primera vez, y, entonando el canto melódico de su voz, me saludó:

—¿Cómo estás, poeta pintor? ¿Sigues perpetuando en el lienzo tu ufanía?

Los azulejos retomaron su vuelo, y el embeleso fue a mis ojos, hechizo. Mi voz flaqueó y emitió un alarido de sorpresa:

—He estado bien... esperando apreciar tu candor de doncella una vez más. ¿Dónde estuviste, luz de mis ojos?

Sonrió, y con listeza preguntó:

—¿Acaso no han visto tus ojos la luz?

—Sí...la han visto. —Contesté confundido.

—Entonces siempre he estado contigo, nunca me fui.

—Su ingenio para evadir preguntas era realmente asombroso.

Conversamos largo rato, al despedirnos me dio su dirección. Llegué feliz a mi casa, como si las nubes me arrullaran en la hamaca celestial del arcoíris.

Mis musas seguían frenéticas, al sentarme al escritorio abrieron una remesa de poemas e inundaron el estudio.

La mañana endulzó mi despertar. Los azulejos en mi ventana cantando arrullos de ternura, el alba dorada moliendo el café de mis ojos y el clima tropical de septiembre, me insistieron en pensar en Lucero.

"Lucero de mis mañanas Lumbre de mis noches, hazte hoy la luz eterna de mis ojos."

Me repetía continuamente, mientras los suspiros se me escapaban.

No entendía qué me pasaba con Lucero, pero, a decir verdad, me gustaba.

Pensé en visitarla, pero mis nervios congelaron mis piernas y fue imposible moverme. Por unos minutos discutí con mi cobardía, hasta que, por mutuo acuerdo, decidimos enviarle con el cartero tres de mis mejores idilios.

Por quince días no supe nada de ella, creí que mis cartas le habrían molestado. Esperé verla en el parque o quizá en la playa, pero nunca apareció.

Una tarde, su figura se dibujó en el portal de mi casa,

grító mi nombre y bajé con rapidez. Ella, como de costumbre, sonrió y con ternura me dijo:

—Llevo semanas buscándote, poeta pintor ¿Dónde te has metido?

La tonada de su voz despertó el furor en los azulejos, quienes estamparon sollozos en los cristales de mis ojos. La abracé por largos minutos y luego respondí:

—Te envié un par de cartas y estuve buscándote, pero, como siempre, te desvaneciste entre las tinieblas.

—No me desvanecí, vida mía, ilumino tu alma por las noches, así nunca acamparás en la oscuridad. Esperé por ti, pero no fuiste a verme —decía mientras su perfume de azucenas me seducía.

III

Llenamos la inmensidad acústica de la sala con anécdotas y risas. Por primera vez sentí humana a Lucero, bajó un momento de su trono señorial y se codeó con mortales. Mi atracción hacia ella era evidente, nuestros impredecibles encuentros fueron el cultivo de mi amor, pero mi temor impidió la cosecha.

Lucero era para mí un ser supremo, una diosa nunca al alcance de un siervo cualquiera, aunque para ella no fuese así.

Interrumpió nuestra conversación, y, tomando mi mano izquierda aseguró con mucha osadía:

—Debo confesarte, mi venturado poeta, que tu magia me cautiva y que, desde que te conocí aquella noche, he querido besar el intenso carmesí de tus labios.

No pronuncié una sola palabra, mis emociones celebraban mi hazaña. Por su parte Lucero, impulsiva y libidinosa, besó la quietud de mis labios donceles.

¡Conocí el sosiego del páramo celestial que esconden las nubes!

Mi cuerpo, tembloroso, no supo responder a la caricia de su boca. Ella sintió vergüenza, dejó una nota en la repisa y salió veloz del lugar. No pude detenerla, aún seguía en las nubes.

Intrigado, leí atentamente su nota:

"Querido Poeta, ven mañana a mi casa a las dos de la tarde. No faltes, estaré esperando.
La luz de tus ojos."

Ese beso aguardó perenne bajo el espejo de mis ojos. Su veneno se esparció por todo mi cuerpo; la razón intentó devolver mi cordura, pero fue imposible, ya estaba enamorado.

Mis musas, sin nada más que lamentarse, enmarcaron mi pena de muerte:

"Mi muerte reposa en tu boca, el dulzor de tu voz es mi verdugo. Caí en la tentación de tu beso. Ahora, sin aliento, mi nombre agoniza en el sabor de tus labios."

El correr de las horas alcanzó al amanecer. La nota de Lucero se leía una y otra vez en mi cabeza. Decidía entre acudir a su encuentro o quedarme con las ganas.

Finalmente fui, me recibió con una sonrisa y un cálido beso en la mejilla.

—¿Por qué te fuiste ayer sin despedirte? —pregunté, mientras las palpitaciones intentaban escapar de mi pecho.

Bajó su mirada, aguardó unos segundos pensando su respuesta y luego contestó:

—Fui muy atrevida al besarte. Cuando no respondiste a mi beso, sobreentendí que te habría molestado, me avergoncé y decidí huir.

Sentí pena en el timbre de su voz. Tomé su mano, acaricié sus mejillas, sonreí levemente y afirmé:

—Fue mi primer beso... No supe responder porque no sé besar, pero no me molesto, al contrario, con tu beso les diste sentido a mis poemas.

Sonrió y la paz volvió a su mirar, me abrazó con fuerza y me preguntó:

—¿Entonces mi amor si es correspondido?

Está de más el sí, la respuesta es obvia. Le recité algunos versos, mientras el canto de los azulejos nos seducía, y la pasión navegaba en la humedad de nuestros labios.

Estuve inmóvil por unos segundos, nervioso, pensando en qué podría pasar si continuaba a solas con ella. Lucero comenzó a rozar suavemente mi piel con el borde de sus dedos, mi boca, mi pecho, mi ombligo —y lo que le sigue—fueron bendecidos con sus caricias. Besaba mi boca con dulzura, mientras me quitaba el cinturón. Yo experimentaba un sinfín de nuevas sensaciones, cerré los ojos y conocí el cielo.

La habitación se iluminó con su desnudez, tomó mis manos y con ellas, tocó la flora de sus senos. Unificamos nuestros cuerpos y nos olvidamos de todo, como lo hicieron Adán y Eva en el principio.

Bajamos del cielo ebrios de placer. Nos vestimos, Lucero me abrazó e insistió en que me fuera pronto.

IV

Caminaba despreocupado por la avenida, tarareando "La Hora" de Juana de Ibarbourou:

"Tómame ahora que aún es temprano y que llevo dalias nuevas en la mano. Tómame ahora que aún es sombría esta taciturna cabellera mía..."

De pronto, recordé que había olvidado mi libreta en casa de Lucero y volví, pensando en besarla. Llegando a su casa, observé cómo recibía a un hombre con un largo beso en los labios. Una, dos, tres lágrimas se me escaparon, retrocedí y corrí.

Sentí cómo una nube negra oscureció mi día, y cómo los sollozos apuñalaban a los azulejos en mi pecho. Así como me elevó al cielo, Lucero me bajó al infierno.

Pasé el resto de la tarde echado en la cama, imaginando cómo aquel hombre se adueñaba de su cuerpo.

En la noche no pude dormir, las heridas sangraban latente y el recuerdo de Lucero era fastidioso como un dolor de cabeza.

Lucero trajo mi libreta en la mañana, se posó en mi puerta con una gran sonrisa, y yo, con mal humor, le pregunté con enojo en mi pronunciación:

—¿Qué haces aquí?

Confundida y extrañada por mi rudeza, respondió:

—Eh…vine a traer tu cuaderno. Lo dejaste ayer en mi casa ¿Te sucede algo, mi poeta?

Apreté el puño, fruncí mi rostro y le grité:

—¡Eres una perdida! Ayer te vi besando a otro hombre, luego de haberme jurado amor en tu lecho.

Por primera vez Lucero no tuvo respuestas. Dejó que su palidez y el silencio, hablaran por ella. Le arrebaté mi libreta y lagrimeando le dije:

—Yo pensé que tú eras la mujer indicada para entrelazar mi destino. Te imaginé a mi lado, casados, con niños alegrando los jardines de nuestra casa. Pero las mujeres como tú son efímeras como la eternidad de un recuerdo.

Se quitó su máscara de mujer refinada y, con descaro, exclamó:

—¡Así soy! Al momento de nacer, el llanto por la vida me hizo una mujer libre, y por eso para mí el amor es algo distinto a tus poemas. Olvídate de los amarres, los besos y las caricias. Son como tus pinturas: tienen matices y colores que el cuerpo necesita experimentar. Así que calla y con una caricia hazme tu lienzo.

Quise cerrarle la puerta, pero en cambio callé y la dejé pasar. Una vez más, caí en la tentación. Fue inevitable, estaba enamorado, y preferí tenerla a ratos que no volver a tenerla.

V

Por doce noches la luna fue testigo de mi llanto y mi desvelo. Encontrarme con Lucero me destruía. Con cada encuentro juraba no volver a verla, pero siempre volvía.

Siendo consciente de que mantenía romances con otros hombres, le suplicaba que se casara conmigo, pero su respuesta era siempre la misma: "Aún eres un niño, no tienes nada que ofrecerme"

Mi desequilibrio emocional era muy notable. Mis padres estaban preocupados, así que decidieron enviarme a pasar unas vacaciones en la hacienda de mi Tío Libardo. La idea de alejarme de Lucero me aterraba, pero sabía que era lo correcto para mí.

Fui a despedirme, quería llevarme, por lo menos, un buen recuerdo de ambos, pero fue todo lo contrario. Toqué la puerta y abrió un hombre barbudo en ropa interior. Más atrás vino ella y preguntó, como si no me conociera, qué deseaba. Vacilé un poco y afirmé que me había equivocado de casa.

Cabizbajo, me fui al parque, medité por un rato y luego me marché.

Salí a primera hora para la hacienda. Fue un viaje largo, llegué al atardecer. Al ver las grandes extensiones de tierra, un cielo celeste que me abría sus brazos para abrazarme, el señorial andar de los pavos reales, los caballos preparándose para el trote y las vacas amamantando a sus crías, supe que la paz volvería a mí.

VI

Me encontraba sentado a orillas del río, bajo los álamos, con una libreta entre las manos. Tenía la libreta cerrada. Apenas había escrito un par de líneas, y ya levantaba la cabeza, absorto. Escuchaba a los pájaros, la brisa entre las frondas, el tranquilo rumor de las aguas, y, allá a lo lejos, el balbuceo de las hadas.

Ya no existía Lucero, solo las huellas de sus viejas pisadas.

Mi Tío Libardo era un señor muy culto, todas las tardes, luego de supervisar a los peones y su faena, se sentaba bajo el gran roble a leer los poemas de *Mío Cid*; adentrándose, como el propio protagonista, en la lucha por recuperar su honra.

Un día, mis musas estaban afanadas, soltando uno tras otro poemas que yo, empeñadamente guardaba en mi libreta. Mi tío, lleno de intriga, me preguntó:

—¿Qué tanto escribes, muchacho?

—Tío, solo el perfume que destilan mis musas. —contesté, mientras le mostraba mis escritos.

Tío Libardo disfrutó de leer mis poemas. Me entregó una llave y me dijo:

—¡Bravo, hijo! Reencarnas a Bécquer. La habitación al final del pasillo es una biblioteca, puedes entrar cuando gustes.

Fui de inmediato. Mi tío tenía una extensa gama de libros, desde las investigaciones de Galileo Galilei hasta los *Veinte poemas de amor y una canción desesperada* de Pablo Neruda. El ambiente era propicio para adentrarse en la aventura mágica de la lectura. Sufrí la desdicha junto al Príncipe Segismundo y viví el amor con las rimas de Bécquer.

Así, entre la tranquilidad de la naturaleza y la camaleónica voz de la lectura, transcurrió un año.

VII

Ya mis heridas habían cicatrizado. Sin embargo, cuando recordaba a Lucero el dolor volvía.

Los azulejos volaban en mi cabeza con lentitud, mientras escribían con su canto:

"¿Después del amor qué queda? ¿Angustia? ¿Incertidumbre? ¿Qué queda después del amor? Queda el silencio, la quietud del alma meditando callada entre las sombras del dolor. Queda el arrepentimiento, el último aliento antes de caminar descalzos por el sendero incierto de la muerte. Quedan las velas negras, los lamentos entre lágrimas, los gritos, el duelo, el olvido..."

Regresé a mi pueblo. No cambió mucho en el tiempo que estuve fuera. Mis días transcurrieron entre lecturas bohemias y borradores ásperos.

&

Escuchaba boleros aquella noche. Lucero tocó a mi puerta, y, al verla, los azulejos se transfiguraron en cuervos y mi vista se oscureció.

Lucero lagrimeó y me abrazó. Dijo que estaba cansada de su ritmo de vida, ya no quería ser solo objeto de placer, quería ser amada y formalizarse en una relación. El perdón abundó en su boca, me pidió ser su esposo. Yo me estremecí, y, lloriqueando, mis musas le respondieron:

"Esta noche los cuervos mendigan redención, la luna es orgullosa; les da la espalda y enciende oscuridad en sus almas. ¿Acaso los cuervos tienen almas? Si es así, no lo creo. Tu frialdad humedece la sollozante fogata de mis ojos, lluevo a raudales pero no se mojan tus alas. Los cuervos picotean la sobriedad de mis pupilas y embriagado, desvarío. Te observo posando tu esbeltez en una cascada de recuerdos, pero no eres tú, son gotas de sangre. Me ahogo con mis lágrimas, pronto ya no existiré, los cuervos me devorarán y, saciados, robustos y satisfechos guardarán tu recuerdo para más tarde: más tarde no es mañana más tarde es medianoche, podrás no morir junto a mí, pero tarde o temprano los cuervos te sacarán los ojos."

Lucero intensificó su llanto y cayó al suelo. Se arrodilló ante mí, y me suplicó que la salvara de su mundo oscuro. Mantuve mi respuesta y le cerré la puerta.

Me eché a llorar como un niño, mientras escuchaba los desgarradores gritos de Lucero. Por un momento pensé en salir y abrazarla, pero si lo hacía me estaría condenando a vivir un infierno.

Desperté. La melancolía y la tristeza me cegaron; no

podía ver el albor del amanecer ni menos escuchar el canto de los pajarillos surcando los cielos.

VIII

Compré el periódico. Rompí en llanto al leer el encabezado. Decía que una mujer se había suicidado en la madrugada, al parecer lo había hecho porque, dos días atrás, le habían diagnosticado una enfermedad venérea. Esa mujer era Lucero...

Fue el día más oscuro de mi vida, yo era el culpable de su muerte, la policía debía arrestarme por negarle mi amor. Ella me pidió que la salvara y en cambio la condené a las tinieblas.

¿Por qué?

¡Nunca debí volver!

Quise suicidarme, pero fui muy cobarde. Haberla conocido dividió mi vida en dos partes: la que fue mi vida y mi muerte en vida.

Los días eran eternos y esta muerte en vida me torturaba.

Mantenía citas con un psiquiatra, pero eran inútiles. Mi vista seguía nublada, mi mente era un desierto; las musas me habían abandonado y los azulejos —luego de sacarme los ojos—volaron lejos. Estaba solo, acompañado por la culpa.

IX

El tiempo arrasó con cada huella del pasado, conde-
nándolas al olvido. Así, transcurrieron cinco años.
 Dejé de culparme por la muerte de Lucero, comprendí
que todo fue su culpa; tomó muy malas decisiones. Ella
era una diosa pagana, debe estar feliz celebrando fiestas
en el Olimpo. No la condené a las tinieblas, Lucero era de
las tinieblas. Y sí, mi mirada está oscura, porque, aunque
no quiera reconocerlo, ella fue la luz de mis ojos, mi primer amor...

"Nuestra pasión fue un trágico sainete en cuya absurda fá-
bula lo cómico y lo grave confundidos risas y llanto arrancan.
Pero fue lo peor de aquella historia que al fin de la jornada a
ella tocaron lágrimas y risas y a mí, solo las lágrimas."[1]

Traté de consolar a mi corazón, pero recordar esta eta-
pa oscura de mi vida me entristeció.
 Nostálgico y casi mudo, sin voz, le dije:

"A veces mi memoria cree oír voces pero son solo ecos de

1 Rima XXXI de Gustavo Adolfo Bécquer.

amor. Luciérnagas fugaces que emiten luces intermitentes."
Los recuerdos de Lucero eran ecos de un amor que quiso ser, pero no pudo, porque no lo dejamos...

Siempre rememoro su belleza; su larga cabellera y el turquesa cristal de sus pupilas:

"Algunas veces me la encuentro por el mundo y pasa junto a mí: y pasa sonriéndose y yo digo: ¿Cómo puede reír? Luego asoma a mi labio otra sonrisa máscara de dolor, y entonces pienso: acaso ella se ríe, como me rio yo."[2]

El canto de los azulejos, original de Reinaldo de Fernández, fue versionado y llevado al teatro por la Compañía *Monotemáticos*, estrenándose el 27 de junio de 2018 en el Teatro Baralt de Maracaibo, Venezuela.

Dirigido por Rosmeris González y protagonizado por Arlenis Vargas y Will Vanegas.

---

2 Rima XLIX de Gustavo Adolfo Bécquer.

PARTE II:

PÉTALOS AL VIENTO

I

Mantengo los ojos cerrados, reteniendo un par de lágrimas. Mis piernas titubean, las lágrimas escapan; el tiempo se detiene y logro ver más allá de mis pestañas:

"Estoy en el sendero, bajo los curarires, pisando flores amarillas marchitas. Observo el horizonte y tu silueta se desvanece con el ocaso, el sendero se oscurece, y mis lágrimas envejecen...

Cierro los ojos y te veo en el puerto el día en que te conocí, sonreías con galantería y yo seguía siendo aquella niña insegura que hace mucho vi morir.

Estaba sentada en el muelle escuchando el canto del mar, te sentaste a mi lado y dijiste, mirando siempre al horizonte:

—Somos como dos palmeras en el puerto.

Te miré y mi cuerpo se estremeció. El delineado perfil de tu rostro fue bálsamo para mis ojos.

—¿Dos palmeras? —pregunté nerviosa.

—Nos gusta posarnos en los espejos del mar... como dos palmeras—dijiste con la vista fija en el horizonte, aguardaste unos segundos y con una sonrisilla asomada a tu boca, agregaste—. Por allá, a lo lejos, te veo en el mar...

Sonreí, bajé mi mirada sonrosada y pregunté:

—¿Quién eres tú? Nunca te he visto, pero siento como si te conociera desde siempre.

—A lo mejor ya nos conocemos, pero, por si no recuerdas mi nombre...

Volviste tu mirada hacia mí, y, clavando tus pupilas asoleadas en las mías, dijiste:

—Soy David Santiago.

Mi respiración se detuvo en el suspiro silencioso de tu mirar, tartamuda, casi sin aliento, susurré:

—¿David Santiago?

—Si, Santiago de apellido —respondiste sonriendo.

&

Continuaba navegando en el verano de tus ojos, buscando una isla que tal vez ni exista, me levanté y dije precipitadamente:

—Debo irme, el atardecer se aproxima y no es pertinente que continúe aquí.

Te levantaste, tomaste mi brazo izquierdo y exclamaste:

—Por lo menos dime tu nombre, no sería de buena educación irte así, sin por lo menos presentarte.

—Lucero, ese es mi nombre. Fue un placer conocerte, David, ojalá las causalidades del destino nos reencuentren.

II

No sé exactamente cuántos días pasaron desde aquel encuentro, solo recuerdo que siempre iba al puerto, veía las embarcaciones, los pescadores, el mar, mientras alimentaba la esperanza de volverte a ver. Un día, cuando esa esperanza era solo el eco de una voz enmudecida, apareciste.

Yo caminaba solitaria por la vereda y tú meditabas sentado en un banquillo, mirando siempre al horizonte. Me emocioné al verte, mis ojos tomaron un brillo celestial, me acerqué y pregunté:

—Hace tanto que no se de ti. ¿Dónde has estado?

—¿Dónde pasan más tiempo tus pensamientos? —preguntaste sin responder a mi pregunta—¡Arrójalos al mar y que naveguen contigo!

—Supongo que durante todo este tiempo has estado mirando siempre al horizonte —agregué con un sutil acento de sarcasmo.

—¿Acaso el tiempo no son las cosas que cambian? A veces no solo miro el horizonte, por las noches también miro el firmamento, veo las estrellas y te recuerdo.

Una sonrisa se asomó a mis labios, me mantuve callada,

tú, por el contrario, te levantaste y exclamaste:

—Existe un silencio que siempre es impersonal... —miraste al cielo y suspiraste—Me estoy acostumbrando a estos cielos grises, extraño mirar al cielo y verlo azul.

Di breves pasos y me detuve a tu lado.

—Como yo lo veo, el cielo irradia un azul muy intenso, en ocasiones lo confundo con el mar.

—Cuando el amor está ausente, los cielos se tornan grises —dijiste bajando la mirada.

—¿Es que acaso el amor no te acompaña?

—No recuerdo la última vez que lo viví.

Toqué tu hombro, y susurré dulcemente:

—No te aflijas, el canto del mar me hace intuir que el amor pintará de azul rey tus cielos grises.

Sonreíste y me abrazaste tan fuerte que mi corazón escuchó los latidos del tuyo; melancólico e introvertido, en frenéticas pulsaciones mendigaba a gritos mi calor. Tomaste mi mano y, mirándome fijamente a los ojos, dijiste:

—¿Podemos salir mañana por la tarde? Quisiera conocerte, saber más de ti, debo reconocer que desde aquel día que nos posamos como dos palmeras en el puerto no he dejado de pensar en el rubor tenue de tus mejillas.

Descubrí un nuevo matiz en tu iris, chispeaba como un lucero adolescente cabalgando la cumbre del firmamento. La esperanza del amor se dibujó en tus ojos, eso me llenó de regocijo, porque sabía que era gracias a mí, que mi sola presencia reavivaba tu fe.

—Claro, David, el sentimiento es compartido, yo también quisiera conocerte, indagar en las profundidades de tu mirada y hallar respuestas a las interrogantes del universo.

—Mis ojos ocultan un sórdido silencio que implora a

gritos redención, el mundo me rodea, pero la soledad me condena a su compañía.

Te devolví el abrazo, y susurré a tu oído:

—Aquí estoy yo, si el destino me cruzó en tu navío, es para bogar juntos aguas desconocidas.

III

Era domingo por la tarde, el invierno tocaba las puertas, anunciando una inminente lluvia con exagerados truenos y relámpagos. Nosotros disfrutábamos de una amena conversa en el kiosco de la playa, hasta que la tormenta nos obligó a marcharnos.

Nos quedamos en tu casa, un bohemio apartamento de soltero frente al puerto. Estábamos mojados, te quitaste la franela y me maravillé con el marfil que vestía tu piel, tu cabello humedecido, tus ojos soleados buscándome con frenesí, y tus labios color carmesí encarcelados por una barba perfectamente delineada. Tus viriles y delicados brazos me llamaban a gritos y tus besos me elevaban a la cúspide de un cielo oscuro. Sin embargo, tus caricias, cada vez más atrevidas, me hicieron reaccionar:

—David, aún soy virgen. Tengo miedo—dije mientras me aferraba al calor de tus brazos.

Tu vista se esclareció, y entonces, contemplaste entre tus brazos un frágil y tenue lucerito que apenas daba leves destellos, tus ojos se humedecieron y me abrazaste más fuerte. Tu mirada se posaba más allá de los relámpagos que se paseaban por el firmamento, y tu voz, sobria y casi marchita, exclamó:

—Estoy casado...

Tu calor dejó de arrullarme y comenzó a quemarme entre las rejas de tus brazos, escapé como pude, te miré con desprecio y airada pregunté:

—¿Tus cielos no se tornaban grises? ¿La ausencia del amor no los enmudecía?

Te posaste como águila mojada en el balcón y bañando de truenos las voces de tu iris, respondiste:

—Mis cielos son grises, siempre lo han sido, que esté casado no significa que el amor no esté ausente, para mí lo está, no lo conozco. A veces escucho hablar de él. Es por eso que sé de su existencia.

Tu personalidad tan misteriosa y poética me enamoraba más de lo que llegaste a imaginar. Al escucharte no dudé en volver a abrazarte y darte más besos. Aunque sabía que estaba mal, que no debía amarte, decidí entregarme a ti, eras el hombre indicado para recordar eternamente. Debo reconocer que me regalaste la noche más idílica de mi juventud, aún recuerdo el seductor tacto de tus dedos bordeando mi silueta y los susurros suavemente recitados como poemas a mi oído.

Una chispeante sombra de maldad coloreó los cristales de mi alma: ya no era la dulce y casta Lucero, era una mujer que había descubierto el cielo en el infierno. Mientras me bañaba, millones de fantasías oscuras inundaron mi mente, se posaron junto a una pícara sonrisa en mis labios, tú encendiste un cigarrillo y meditando febrilmente en el balcón cada bocanada soltaba un sollozo silencioso a las tinieblas, me acerqué y por primera vez admiré el horizonte como tú lo hacías.

—Las tinieblas engalanan el otoño de medianoche —dije en voz baja.

—La noche no envejece, se renueva —agregaste sin mover la mirada—. Ansío ver las estrellas.

—No busques astros en los cielos, podrías perderte, mejor mírame a mí, yo soy tu Lucero.

Volteaste, y al ver el nuevo matiz de mis ojos alzaste la mirada y exclamaste:

—¡Un Lucero de las tinieblas ha surgido!

IV

Todas esas noches la luna bajaba a tu apartamento y
nos embriagaba de lujuria, mi cuerpo era arcilla y tú mi
alfarero; no deseaba nada más que entregarme completa
a ti. Para ese entonces, la inocencia ya había abandonado
mi rostro, no sé cuándo ni cómo, pero ya no me impor-
taba.

Admirabas mi desnudez, la silueta tentadora de mi
cuerpo, mis senos cual duraznos, y mi ombligo cual tor-
bellino que conduce a una cascada furiosa y libidinosa.
Esa cascada en la que tantas veces te habías bañado, donde disfrutabas tus más prohibidos deseos, donde comías,
donde bebías, donde reposabas.

Pero tu mirada poco a poco se oscurecía; se podía ob-
servar un vacío perturbador en ella, y, de repente, tus
labios dejaron de nombrarme, y ya el horizonte no era
objeto a contemplar.

Una de esas tantas noches, mientras tomaba una copa del último vino que añejabas, la ira se posó en mis labios, y sin medir mis emociones grité:

—¡Estoy harta de tu indiferencia! ¿Por qué me vives con frialdad? ¿Es que acaso, ya no soy digna de ti?

Caminaste al balcón y tu vista se detuvo en la silueta nublada del puerto. No dijiste una sola palabra, a veces sollozabas tristemente.

La ira seguía seduciéndome, hasta que me llevó a estrellar la copa contra la pared, grité tu nombre reiteradas veces, pero fue inútil, no respondías...

Me eché a llorar como niña sin consuelo, no encontraba respuesta a tanta indiferencia, hasta que soltaste aquellas frías palabras, que, por desgracia, siempre recordaré:

—Debo marcharme. Extraño a mi familia. Lo siento, Lucero, es tiempo de volar hacia nuevos horizontes.

Las lágrimas fluían de mis ojos como riachuelos, una extraña sensación invadía mi pecho, no sé si era miedo o tristeza, pero se sentía fatal.

—¿Por qué te vas? No quiero que te vayas, dolor, última forma de amar. Me estoy sintiendo vivir cuando me dueles no en ti, ni aquí, más lejos... [3]

[3]—¡Los suspiros son aire, y van al aire! ¡Las lágrimas son agua, y van al mar! Dime, mujer, cuando el amor se olvida, ¿sabes tú a dónde va? [4]

—Tú me serás, dolor, la prueba de otra vida en que no me dolías. La gran prueba, a lo lejos, de que existió, que existe, de que me quiso, sí, de que aún lo estoy queriendo.

---

3   "No quiero que te vayas dolor..." —Pedro Salinas.

4   Rima XXXVIII – Gustavo Adolfo Bécquer.

—Una mujer me ha envenenado el alma otra mujer me ha envenenado el cuerpo; ninguna de las dos vino a buscarme, yo de ninguna de las dos me quejo.

Como el mundo es redondo, el mundo rueda. Si mañana, rodando, este veneno envenena a su vez ¿Por qué acusarme? ¿Puedo dar más de lo que a mí me dieron?[5]

---

5 Rima LXXIX – Gustavo Adolfo Bécquer.

V

Abandoné tu apartamento con una incesante lluvia en mis ojos, tu veneno lentamente se esparcía por toda mi alma, no había cura, pronto moriría de desamor.

La vereda estaba oculta entre la neblina de medianoche, la luna brillaba por su ausencia y la frialdad reinaba en toda la pútrida quietud. Me senté emitiendo alaridos de dolor, y, repentinamente, un hombre coronado con la sombra del infierno se detuvo frente a mí.

—¿Qué hace una señorita tan buena moza tan solitaria a medianoche?

Su voz se sintió como una marea de frío, sentí miedo; sin embargo, me mantuve calmada y respondí:

—No estoy sola, estoy conmigo misma y eso me basta.

Se sentó a mi lado, y, acercándose, susurró:

—Deberías tener cuidado, al diablo le gusta divertirse por las noches.

El miedo se apoderó de mí y salí corriendo. Él, por su parte, comenzó a perseguirme hasta que pudo alcanzarme. La oscuridad fue testigo del peor momento de mi vida, la inocencia ya no estaba conmigo, es cierto, pero ese hombre del infierno me arrebató la esperanza de volverla a tener...

El sol no volvió a brillar para mí, perdí la cordura, los días dejaron de tener sentido, hasta que recibí aquella nota, lo último que llegué a saber de ti:

"Gracias por ser y estar.
Eres un Lucero que no deja de brillar."
DAVID SANTIAGO

El color de mis ojos se reavivó, aunque las lágrimas no se hicieron esperar al relatarte en una carta el desafortunado y horrendo episodio que viví al huir de tu apartamento, pero nunca recibí respuesta.

"Escribes en el aire
Con un dejo sobrio de libertad.
El sendero es multicolor
Y proyecta plenitud
Al final del horizonte.
Tu sonrisa vuela con los vientos
Y arrastra consigo
A las flores amarillas
Que despiden el otoño.
Vuelan,
Y entre sus alas
Tu recuerdo desvanece
En el azul del cielo."

VI

Te escribí un par de cartas más, que, como intuí, nunca leíste.

Cada noche me posaba en la ventana mirando al horizonte, recordando tus últimas palabras, y algunas veces, el adiós a mi inocencia. A veces gritaba, otras veces lloraba. Así, poco a poco el odio fue pintando de amargura mi corazón.

Un día, que no recuerdo exactamente de septiembre, volví a tu apartamento, toqué la puerta y nadie abrió. No sé si fue causal o casualidad, pero a los pies de la puerta encontré una flor amarilla, sonreí fugazmente y la tomé.

Caminé y me senté en el muelle tal y como lo hice el día en que te conocí. Olí la flor reiteradas veces, comencé a quitarle uno a uno sus pétalos, mientras me decía en voz baja:

—Me quiere, no me quiere, me quiere...—suspiré—A quién engaño... No me quiere, nunca lo hizo...

Me levanté y, soltando los pétalos al viento, hice mías tus últimas palabras:

—Un hombre me ha envenenado el alma otro hombre me ha envenenado el cuerpo; ninguno de los dos vino a buscarme, yo de ninguno de los dos me quejo. Como el mundo es redondo, el mundo rueda. Si mañana, rodando, este veneno envenena a su vez ¿Por qué acusarme? ¿Puedo dar más de lo que a mí me dieron? [6]

Volví a sonreír y me marché.

"La nostalgia viste
El suspiro de mis ojos,
El sol desvanece
Y se oscurece el sendero,
Los pedazos de un recuerdo
Se hacen pétalos
Y se pierden en la oscuridad
De mis sueños.

Eres un Lucero
Que no deja de brillar,
Escribes con desconocimiento,
Las tinieblas te impiden ver
La tristeza que hay en el sendero.

Desde tu partida
La soledad nubló
El firmamento y en mis noches
Ya no hay luceros.

A veces el viento
Rumorea tu nombre
Pero las flores amarillas
Lo ignoran."

---

6   Rima LXXIX – Gustavo Adolfo Bécquer.

Abrí los ojos y un suspiro se les escapó a mis pestañas. El ocaso está acostumbrado a decir adiós. Sonriente, despide el tiempo que guarda en su memoria, este recóndito recuerdo que seguramente ya habrás olvidado. Aunque también sabe dar bienvenidas, anuncia la llegada de una noche sin luna y sin estrellas; una noche conmigo, paseándome por las tinieblas.

ÍNDICE